페이퍼 커팅 아트

# 피어나다

최향미

페이퍼 커팅 아트

# 피어나다

최향미

**여는 글**

# 종이로 꽃을 피워보세요

페이퍼 커팅 아트는 그저 눈에 보이는 선을 따라 자르면 되기 때문에 어떻게 하면 잘할 수 있을까 고민하지 않아도 됩니다. 복잡한 생각을 버리고 좋아하는 음악을 들으며 기분을 낼 때, 친구와 통화하며 가벼운 얘기를 할 때도 같이 할 수 있습니다.
'잘못 자르면 어쩌지' '선을 벗어나도 되나' 하고 걱정하지 마세요. 괜찮습니다. 정말로 괜찮아요. 《피어나다》는 꽃과 풀로 이루어져 있으므로 빗나간 칼질도 꽃이 되며, 귀퉁이가 떨어져 나가도 그건 풀잎이 맞습니다.
'이걸 언제 다 하지' '완성하지 못할 것 같다'고 겁먹지 마세요. 모두 잘라내야만 완성되는 것은 아니니까요. 페이지 전체에서 꽃 하나만 잘라내도 작품이 될 수 있습니다.
가장 중요한 것은 마음 편히 집중하고, 스트레스 받지 않고, 자기만의 작품을 만들며 그 시간을 즐기는 것입니다. 이제 시작해볼까요?

최향미

### 준비물

### 고무 매트

종이를 자를 때처럼 잡지나 신문 같은 것에 대고 자를 수도 있지만, 페이퍼 커팅 아트는 섬세한 칼질을 많이 해야 하므로 고무 매트가 꼭 필요합니다. 고무 매트는 딱딱한 것보다 부드러운 것이 좋습니다.

### 아트 나이프

아트 나이프는 펜으로 그리는 느낌으로 종이를 잘라내기에 가장 적합한 도구입니다. 가장 기본적인 펜 모양부터 머리가 돌아가는 것, 펜 끝에 송곳 같은 것이 달려 있는 것까지 종류가 굉장히 많기 때문에 손에 쥐기 편한 것으로 고르면 됩니다.

### 문구용 커터

거의 모든 작업을 아트 나이프로 할 수 있지만, 간혹 문구용 커터가 더 유용한 경우가 있습니다. 아트 나이프를 주요 도구로 사용한다면 필요 없겠지만, 문구용 커터로만 작업을 하고 싶다면 일반적인 칼날보다 더 뾰족해서 선이 잘 보이는 30도 칼날을 끼워 쓰는 게 좋습니다.

### 가위

꼭 필요한 도구는 아니지만 그림 주변을 오리거나 곡선 부분을 깔끔하게 손질할 때 씁니다. 가위 역시 종류가 많아 단순하게 자르고 다듬을 거라면 일반적인 것을 사용하면 되고, 좀더 정밀한 작업을 원한다면 패치워크 가위를 사용하면 됩니다.

### 마스킹 테이프

섬세하게 오린 부분들은 작업하는 도중 고무 매트와 바닥 사이에 끼거나 손에 밀려 찢길 위험이 높은데 이런 부분에 셀로판테이프보다 접착력이 약한 마스킹 테이프를 붙여두면 오리는 도중 찢기는 것을 방지할 수 있습니다. 마스킹 테이프는 그림을 다 오린 후 제거하면 됩니다.

완성하는 방법

1. 마음에 드는 그림을 골라 고무 매트 위에 올립니다.

2. 가위를 이용해 작업하기 좋은 크기로 자릅니다. 단, 너무 테두리에 바짝 자르는 것은 좋지 않습니다.

3. 아트 나이프로 선을 따라 오려냅니다. 작은 면을 먼저, 큰 면을 나중에 자르는 것이 좋습니다.

4. 안쪽을 모두 자르면 가장 바깥쪽 테두리를 따라 그리듯 아트 나이프로 오립니다.

5. 바로 떼어내면 찢어질 수 있으므로 도안의 가장 튀어나온 부분을 기준으로 동서남북으로 칼집을 내줍니다.

6. 아트 나이프로 종이를 잡고 조심스럽게 네 모서리의 종이를 떼어내 완성합니다.

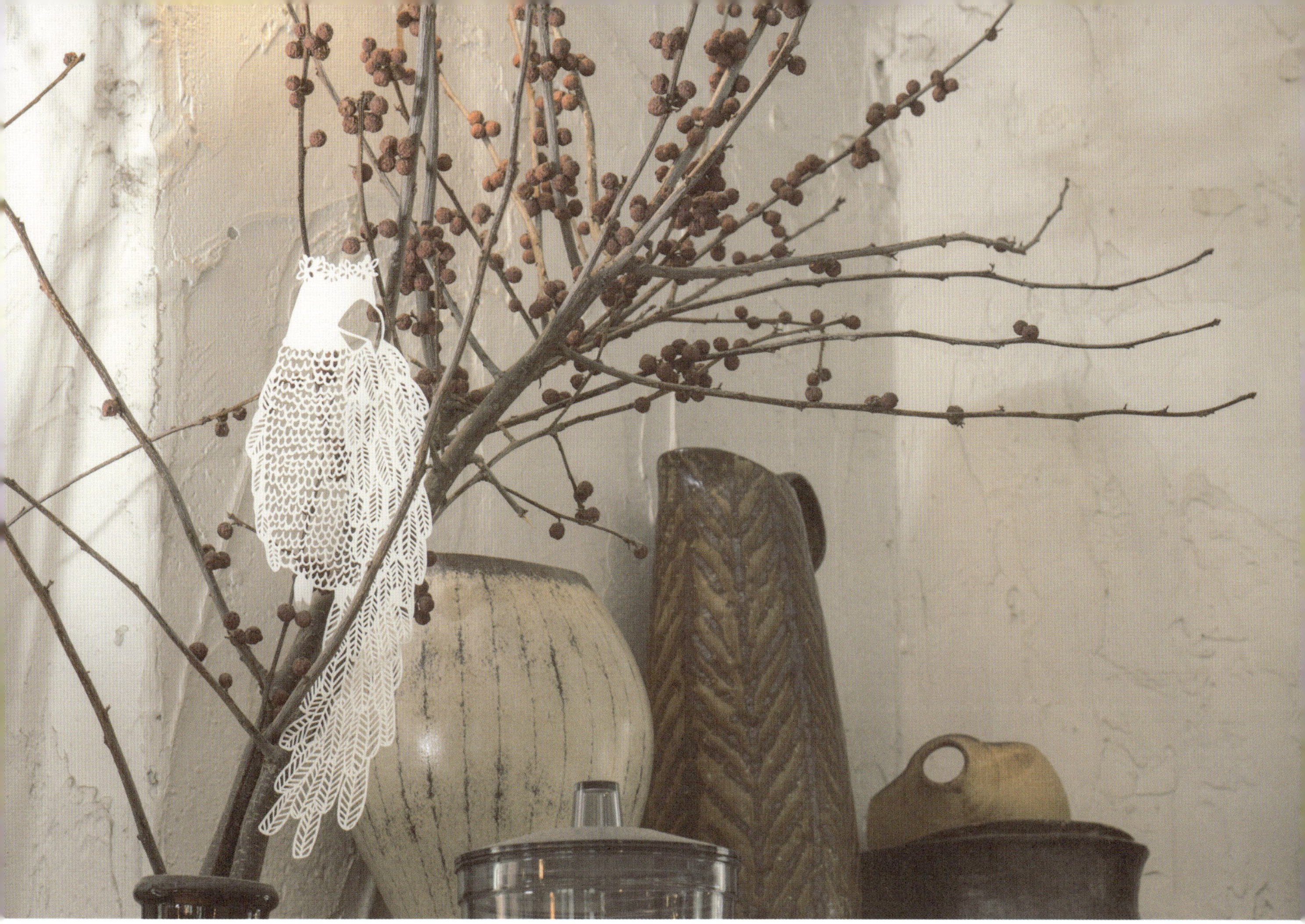

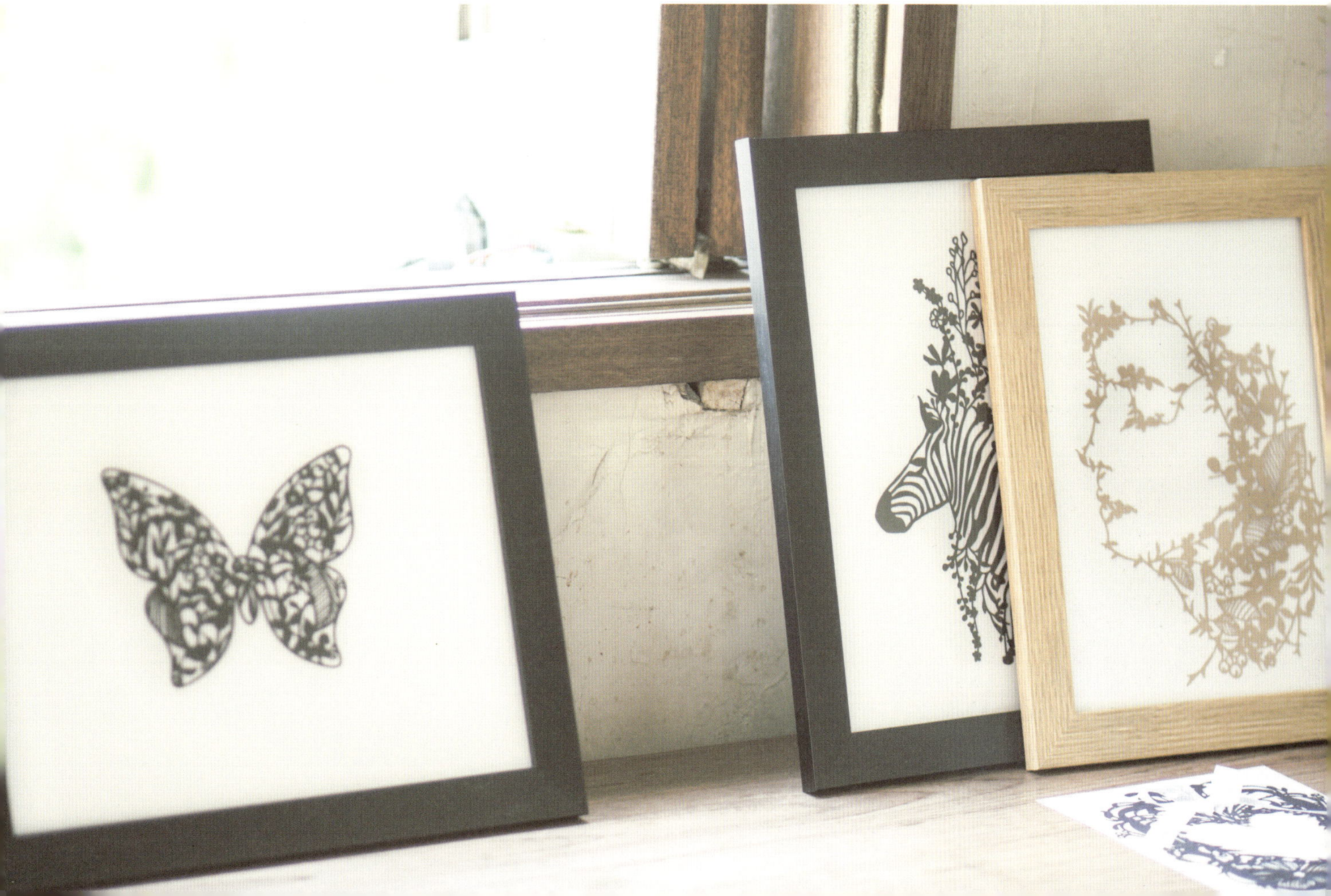

**일러두기**

각 도안은 반전되어 있어서 모두 자른 후에 뒤집으면 완성입니다.
완성된 모습은 121쪽에서 확인할 수 있습니다.

자르는 선

자르는 선

47

자르는 선

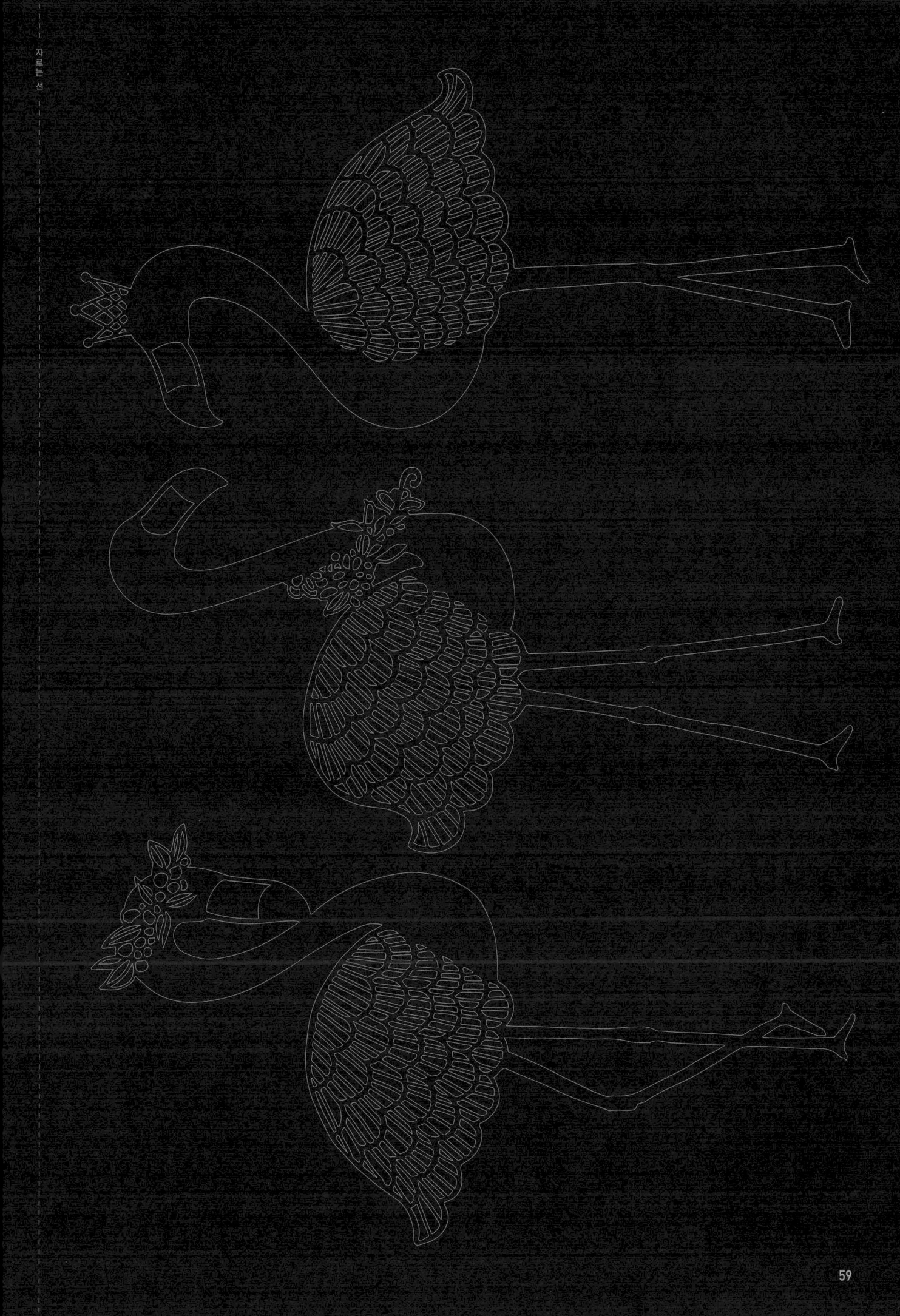

자르는 선

75

자르는 선

자르는 선

자르는 선

자르는 선

완성된 모습

17쪽

19쪽

21쪽

23쪽

25쪽

27쪽

29쪽

31쪽

33쪽

35쪽

37쪽

39쪽

41쪽

43쪽

45쪽

47쪽

49쪽

51쪽

53쪽

55쪽

57쪽

59쪽

61쪽

63쪽

65쪽

67쪽

69쪽

71쪽

73쪽

75쪽

77쪽

79쪽

81쪽

83쪽

85쪽

87쪽

89쪽

91쪽

93쪽

95쪽

97쪽

99쪽

101쪽

103쪽

105쪽

107쪽

109쪽

111쪽

113쪽

115쪽

117쪽

119쪽

# 최향미

인스타그램 @nangmaner

페이퍼 커팅 아티스트.
산업디자인을 전공했으며, 졸업 후 본격적으로 작품 활동을 시작하였습니다.
LG생활건강 수려한과 아트 컬래버레이션 패키지를 발매했고,
〈싱글즈 웨딩〉〈라이프 스타일 매거진 메종〉의 화보 촬영에 참여하기도 했습니다.
2015년에는 SBS 신년 채널 광고와 현대카드 패션위크 온라인 광고에 작품을 선보였습니다.
낭만적인 시간을 살고 싶고, 그렇게 살면서 만든 작품이 많은 사람을 행복하게 해주기를 바랍니다.

페이퍼 커팅 아트
## 피어나다

1판1쇄 펴냄 2015년 12월 7일
1판18쇄 펴냄 2023년 4월 20일

**지은이** 최향미
**펴낸이** 김경태 | **편집** 홍경화 성준근 남슬기 한홍비 | **디자인** 박정영 김재현 | **마케팅** 유진선 강주영 | **경영관리** 곽라흔
**사진** 한승일
**장소 제공** 카페 히비

**펴낸곳** (주)출판사 클
출판등록 2012년 1월 5일 제311-2012-02호
주소 03385 서울시 은평구 연서로26길 25-6
전화 070-4176-4680 | 팩스 02-354-4680 | 이메일 bookkl@bookkl.com

**ISBN** 979-11-85502-28-1  13630

이 책은 저작권법에 의해 보호를 받는 저작물이므로 무단 전재 및 무단 복제를 금합니다.
잘못된 책은 바꾸어드립니다.

출판사 클의 책을
만나보세요.